PUBLICATIONS DE LA RÉUNION DES OFFICIERS

MELANGES MILITAIRES
LXXV. LXXVI

NOTES

SUR L'EMPLOI DU TEMPS

DES

TROUPES PRUSSIENNES

SUIVIES

DE QUELQUES CONSIDÉRATIONS GÉNÉRALES
SUR L'ARMÉE FRANÇAISE

PAR

M. DALLY

CAPITAINE AU 102ᵉ RÉGIMENT

PARIS

CH. TANERA, ÉDITEUR

LIBRAIRIE POUR L'ART MILITAIRE ET LES SCIENCES

Rue de Savoie, 6

1872

NOTES SUR L'EMPLOI DU TEMPS

DES

TROUPES PRUSSIENNES

PUBLICATIONS DE LA RÉUNION DES OFFICIERS

I. — **L'Armée anglaise en 1871, au point de vue de l'offensive et de la défensive**. Brochure in-12. . . . . 25 c.

II. — **Organisation de l'armée suédoise. — Projet de réforme.** Brochure in-12. . . . . 25 c.

III-IV. — **Mode d'attaque de l'infanterie prussienne dans la campagne de 1870-1871**, par le duc Guillaume de Wurtemberg, traduit de l'allemand par M. Conchard-Vermeil, lieutenant au 13e régiment provisoire d'infanterie. Brochure in-12. . . . . 50 c.

V. — **De la Dynamite et de ses applications pendant le siége de Paris.** Brochure in-12. . . . . 25 c.

VI. — **Quelques idées sur le recrutement**, par G. B. Broch. in-12. 25 c.

VII. — **Etude sur les reconnaissances**, par le commandant Pierron. Brochure in-12. . . . . 25 c.

VIII-IX-X. — **Etude théorique sur l'organisation d'un corps d'éclaireurs à cheval**, par H. de la F. Brochure in-12 . . . 75 c.

XI-XII-XIII. — **Etude sur la défense de l'Allemagne occidentale, et en particulier de l'Alsace-Lorraine.** Traduit de l'allemand. Brochure in-12. . . . . 75 c.

XIV. — **L'armée danoise.** — Organisation. — Recrutement. — Effectif. Brochure in-12. . . . . 25 c.

XV-XVI-XVII. — **Les places fortes du N.-E. de la France, et essai de défense de la nouvelle frontière.** Brochure in-12. 75 c.

XVIII-XIX. — **Considérations théoriques et expérimentales au sujet de la détermination du calibre dans les armes portatives**, par J. L., capitaine d'artillerie. Brochure in-12 . . . . . 50 c.

XX. — **Des bibliothèques militaires**, de l'établissement d'un catalogue et de la tenue des principaux registres. Brochure in-12. 25 c.

XXI-XXII-XXIII-XXIV. — **L'artillerie au siége de Strasbourg en 1870.** Notes recueillies par un officier de l'artillerie suisse, traduit de l'allemand par P. Larzillière, capitaine d'artillerie. Brochure in-12 avec plan . . . . 1 fr.

XXV-XXVI. — **L'artillerie de campagne des grandes puissances européennes et les canons rayés.** Traduit de l'allemand par M. Méert, capitaine d'artillerie. Brochure in-12. . . . . 50 c.

XXVII. — **Des canons et fusils à vapeur**, par J. L., capitaine d'artillerie. Brochure in-12. . . . . 25 c.

XXVIII-XXIX. — **La cavalerie de réserve sur le champ de bataille**, d'après l'italien, par Foucrière, sous-lieutenant au 81e régiment. Brochure in-12. . . . . 50 c.

XXX. — **De la répartition de l'armée sur le territoire.** Brochure in-12 . . . . 25 c.

---

885 — Paris, Imp. H. Carion, rue Bonaparte, 64.

PUBLICATION DE LA RÉUNION DES OFFICIERS

NOTES

SUR L'EMPLOI DU TEMPS

DES

TROUPES PRUSSIENNES

SUIVI

DE QUELQUES CONSIDÉRATIONS GÉNÉRALES
SUR L'ARMÉE FRANÇAISE

PAR

M. DALLY

CAPITAINE AU 102ᵉ RÉGIMENT

PARIS

CH. TANERA, ÉDITEUR

LIBRAIRIE POUR L'ART MILITAIRE ET LES SCIENCES

Rue de Savoie, 6

1872

NOTES SUR L'EMPLOI DU TEMPS

DES

TROUPES PRUSSIENNES

Dans un voyage rapide, en 1871, j'ai visité Reims, Rethel, Nancy, Lunéville, Châlons, Épernay, comme points principaux de l'occupation prussienne dans l'Est; puis quelques villages, Isle, Witry, Sillery et Ay, comme cantonnements de petits détachements.

J'ai pu observer les faits suivants :

Conséquentes avec leurs idées sur le cantonnement des troupes, les autorités militaires prussiennes, éludant les offres de casernement qui leur étaient faites par les municipalités, préféraient laisser leurs hommes chez l'habitant, parce que ce moyen leur permet de maintenir, parmi leurs troupes, l'habitude du cantonnement en pays ennemi.

Lorsqu'ils ont consenti à faire entrer une partie de leurs hommes dans les casernes, ce ne fut qu'aux conditions suivantes :

Un local de 1,000 hommes ne sera occupé que par 500;

Il sera fourni, pour chaque homme, un coffret fermant à clef;

Le local sera garni de literie à raison d'un lit complet par homme;

Les casernements seront blanchis à neuf et d'une rigoureuse propreté.

Dans les villes, l'autorité militaire exigeait des terrains de manœuvre et voulait aussi avoir des champs de tir pour la cible.

Les hommes étaient souvent renouvelés dans les garnisons; on faisait venir d'Allemagne beaucoup d'hommes, afin que le plus grand nombre possible pût participer à l'occupation et en rapporter le souvenir au pays.

Une médaille commémorative de la campagne de France, semblable à celle de Sadowa, a été distribuée aux troupes.

Sur le prix payé par la France pour la ration journalière du soldat, l'état-major général réalise un bénéfice du tiers. Ce bénéfice est versé à la caisse de l'armée pour recevoir une destination ultérieure (achat de cartes, gratifications, prix de tir et autres).

Cette espèce de masse noire rend de grands services à l'armée, et nul ne soupçonne l'emploi judicieux de cet argent.

L'armée prussienne cherche, autant que possible, à conserver aux hommes l'habitude du cantonnement et du bivac. On devrait bien revenir à ce système en France; ce serait un grand allégement de poids pour l'homme, d'argent pour le trésor, deux choses à considérer.

Il est vrai que le cantonnement exige une discipline rigoureuse; mais rien ne nous empêche de l'avoir.

Pour toutes les troupes que j'ai rencontrées, l'emploi du temps était réglé de la façon suivante :

De 5 à 11 heures du matin. exercices.
De 11 à 2 heures. . . . . . . repos et repas.
A 2 heures. . . . . appel.
De 2 à 5 heures. . . . . . . liberté et repas du soir.
De 5 à 8 heures du soir . . exercices.

Ces heures ne sont pas, quant à la durée des exercices,

observées rigoureusement ; les capitaines étant responsables de l'instruction de leurs compagnies, officiers, sous-officiers et soldats, les commandants de leurs bataillons, et ainsi de suite, ces officiers sont laissés libres de l'emploi de ces heures pour faire exécuter ce qu'ils jugent nécessaire pour l'instruction de leur troupe.

Mais ce qui est absolu, c'est la durée d'un exercice, qui ne doit jamais être moindre de trois heures consécutives, séparées d'heure en heure par un repos de dix minutes.

Dans la pratique, j'ai toujours vu les troupes rentrer en ville vers dix heures le matin et un peu après huit heures le soir.

On peut dire que, d'une façon régulière, les troupes prussiennes sont employées six heures par jour en exercices, qui se font au champ de manœuvres.

De cet emploi du temps il résulte que, de cinq heures du matin à huit heures du soir, c'est-à-dire, sur quinze heures, neuf sont à la disposition de l'autorité, et six, séparées par un appel, sont libres, surtout pour les officiers et les sous-officiers.

Cet emploi du temps, outre qu'il est fort judicieusement réparti, montre quelle somme de travail journalier est imposée au soldat.

Il y a loin de là à nos deux heures d'exercices par jour !

Si, dans nos régiments, il est difficile à un officier de trouver dans la journée cinq et six heures consécutives de liberté pour se livrer au travail, on peut établir comme comparaison qu'un régiment français va, par an, deux cents fois à l'exercice, pendant qu'un régiment prussien y va sept cents fois.

J'ai dit plus haut que, dans la pratique, les troupes rentraient en ville à dix heures le matin ; on peut en déduire que réellement, dans la journée, les officiers disposent, pour leurs occupations personnelles, de sept heures consécutives libres. De là, grandes facilités pour le travail, ce qui n'existe pas chez nous.

J'ai suivi les troupes sur le champ de manœuvres et j'y ai vu exécuter :

L'école du soldat. Cette école étant la base de l'instruction militaire, il est recommandé aux instructeurs d'y apporter, et ils y apportent une extrême énergie dans le commandement et une grande rigueur vis-à-vis de leurs subordonnés. Cette rigueur va même jusqu'aux coups, que le soldat prussien, sous les armes, reçoit sans broncher, ne les considérant pas comme une insulte venant d'un chef. C'est là une affaire de tempérament.

Le point principal de cette école, c'est le principe et le mécanisme du pas.

« Troupe qui marche bien, obéit bien, » disait Frédéric à ses généraux, et, partant de là, lorsqu'il voulait juger un régiment, il le faisait défiler devant lui, tous les officiers à pied, à la cadence du pas ordinaire, réprimandant vertement les plus légères fautes commises. C'est donc une tradition que l'on conserve religieusement dans l'armée prussienne, que la marche influe sur la discipline ; dans tous les cas, elle aide essentiellement à la régularité dans les manœuvres, dans les marches, et donne à la troupe une grande force de cohésion.

Tous les mouvements sont commandés avec énergie et exécutés avec une roideur mécanique qu'on exagère le plus possible, parce qu'on sait que plus tard le soldat se relâchera bien un peu, mais qu'il gardera, par le fait de l'exagération, le principe intact du mouvement.

Cela me paraît très-rationnel.

Dans le cours de l'école du soldat, on fait exécuter à l'homme beaucoup de mouvements d'assouplissement qui ont tout à fait emprunté leur forme au système gymnastique du Suédois Ling. Et à ce propos, il est bien regrettable que ce système Ling, qui est une gymnastique rationnelle d'éducation physique, ne soit pas introduit depuis longtemps en France, pour remplacer le système Amoros, qui a fait son temps.

En résumé, ce qui domine dans cette première école, c'est le soin absolu que l'on a de n'admettre le soldat au maniement de son arme que lorsqu'il est arrivé à exécuter parfaitement tous les mouvements du corps, dont la marche est le principal. Cette première éducation de l'homme de recrue est en général un peu négligée chez nous ; on veut aller trop vite, et c'est une erreur, car de cette première instruction dépend toute l'éducation militaire du soldat.

L'escrime à la baïonnette termine cette école ; elle est exécutée plus sobrement, mais bien plus sérieusement que chez nous ; l'homme y acquiert réellement une grande habitude de son arme.

L'école de peloton n'offre rien de bien intéressant ; les officiers et sous-officiers sont placés dans le rang, à la droite des fractions qu'ils commandent.

C'est peut-être une bonne chose quand on pense à nos serre-files, dont l'utilité est contestable.

Les principes de la marche y sont fort surveillés.

Ils ont à cette école un mouvement fort bon, fort utile : il consiste, après avoir fait rompre la compagnie dans toutes les directions et au pas gymnastique, à la reformer, à la voix de son chef, avec la plus grande rapidité, soit en bataille, soit en colonne, par section, demi-section ou escouade. Ce mouvement, qui manque à notre école de peloton, est une préparation au ralliement du bataillon, dernier article de la 7e partie de l'école de bataillon. C'est un mouvement très-pratique du champ de bataille; les hommes s'habituent à se rallier toujours à leurs chefs.

On sait que le peloton prussien est formé sur trois rangs, question d'étendue de front; mais il est aussi exercé à manœuvrer sur deux rangs.

L'école des tirailleurs, qui fait suite à la précédente, est moins bonne que la nôtre: dans l'école prussienne, les déploiements se font bien par escouade, mais les tirailleurs restent sur deux rangs, espacés de deux pas, l'homme du second rang se plaçant en face de l'intervalle qui sépare les hommes du premier rang. Les principes de notre école sont fort bons, excellents même, et ce n'est que sous le rapport de leur bonne et utile application que nous avons péché sur le terrain.

L'école de bataillon. Pour cette école, les quatre compagnies forment huit pelotons de manœuvre. Les pelotons sont sur trois rangs; les capitaines, à cheval, sur le flanc ou derrière, suivant que le bataillon est en colonne ou en bataille, surveillent les deux pelotons que forment leurs compagnies.

Le silence le plus absolu règne dans les rangs; les observations sont faites aux hommes *absolument à voix basse;* mais en revanche les commandements sont faits sur une intonation entièrement retentissante.

Le commandant du bataillon seul fait des observations à haute voix, mais avec beaucoup de calme. Après chaque mouvement exécuté, il s'assure que chacun a rempli exactement son devoir.

Si une faute a été commise, le coupable, officier ou sous-officier, est appelé par son nom; il sort du rang au port d'arme, exécutant la rigoureuse cadence du pas, et se place à six pas, face et un peu à droite du commandant : « Vous vous êtes trompé dans ce mouvement, lui dit le commandant; expliquez-moi ce que vous deviez faire pour vous conformer à la théorie. »

Le coupable fait alors, à haute voix, le récit de l'article de la théorie et va reprendre sa place, toujours à la cadence exacte du pas.

Il n'y a pas de commandement pour l'alignement des pelotons. Au commandement de halte, les hommes, après avoir fait front, s'alignent d'eux-mêmes, presque toujours l'arme sur l'épaule droite ou gauche, ce qui est la position habituelle du soldat à l'école de bataillon.

Pour faciliter les alignements sans commandement, les pelotons sont arrêtés à un pas de la ligne qu'ils doivent occuper.

On ferait peut-être bien d'appliquer cette mesure à notre école de bataillon.

Dans les déplacements d'une colonne, au premier commandement, tous les guides partent pour jalonner la ligne à l'avance ; bonne précaution.

En colonne, les chefs de peloton sont toujours sur le flanc, du côté de la direction, ayant le guide derrière eux.

Dans tous les mouvements cassés la cadence du pas est rigoureusement observée ; cela empêche de perdre les distances ; dans les autres mouvements on accélère le pas, mais sans jamais courir.

Un mouvement excellent à leur emprunter : il consiste à faire déployer les quatre compagnies du bataillon en les séparant d'un intervalle égal ou plus grand que leur front, suivant l'objet du mouvement, qui a beaucoup d'analogie avec celui que nous exécutons à l'école de régiment pour déployer une colonne de bataillons.

C'est une manœuvre de guerre excellente pour couvrir, avec un seul bataillon, un espace plus considérable, une brigade, une division, par exemple.

Chaque compagnie se couvre de tirailleurs et manœuvre isolément, mais d'après un ensemble prévu. Il en résulte qu'une colonne est ainsi couverte d'abord par les tirailleurs des compagnies, puis par les compagnies elles-mêmes, et tout cela à de grandes distances.

Le bataillon prussien étant en bataille, de pied ferme ou en marche, se ploie en colonne double et forme le carré par un seul commandement : *Colonne double pour former le carré!* Ce mouvement s'exécute très-rapidement, au pas gymnastique ; il est très-pratique au point de vue de la guerre et est l'indice d'une troupe bien exercée.

Ils ont aussi une manière de former le carré qui me semble peu pratique.

Le bataillon est en colonne double à quatre divisions. Au premier commandement, les hommes du troisième rang des troisième et quatrième divisions vont former la cinquième division, les divisions paires par le flanc droit, les impaires par le flanc gauche ; les hommes du troisième rang des première et deuxième divisions formant la sixième division.

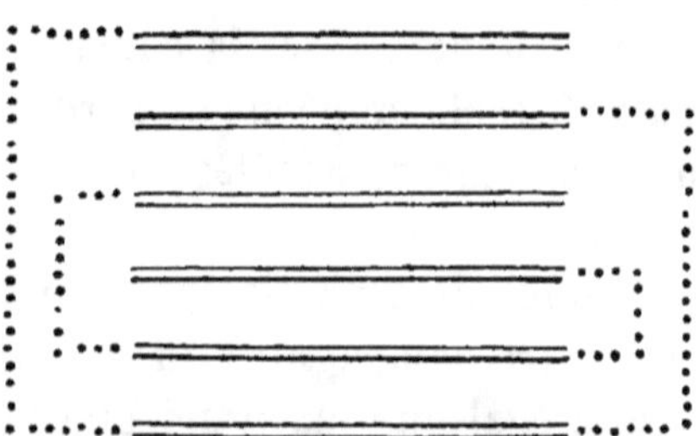

Cela se fait assez vivement, au pas gymnastique ; toutes les divisions serrent sur celle de la tête, à quatre pas, la 6e fait demi-tour en s'arrêtant ; les divisions de l'intérieur font faire à droite et à gauche au nombre d'hommes nécessaire pour former les faces latérales. C'est un mouvement bien plus compliqué que notre colonne contre la cavalerie; je dois dire cependant que je l'ai vu exécuté par différents bataillons avec beaucoup d'ordre et de promptitude; cette rapidité d'exécution est due à l'attention soutenue que chacun, officier et soldat, apporte aux exercices.

J'ai assisté à *** à une manœuvre de reconnaissance faite par deux bataillons auxquels on avait adjoint un peloton de cavalerie et deux pièces de canon. La colonne ainsi composée est venue se masser sur les allées de la promenade, près de la gare.

Le chef de la colonne, prenant avec lui quatre cavaliers et huit fantassins, s'engage dans une des rues qui mènent à la campagne; arrivé à la dernière maison, il place de chaque côté de la rue un factionnaire; puis il fait partir au galop un cavalier, qui pique droit devant lui; quelques instants après un second cavalier part vers la droite du premier; puis un autre, vers la gauche.

Lorsque ces cavaliers ont fourni une certaine carrière, ils s'arrêtent et interrogent l'horizon; l'un des cavaliers revient alors près du chef; il est remplacé par le quatrième cavalier. A tour de rôle les trois cavaliers rentrent et sont remplacés successivement l'un par l'autre, de façon que les quatre cavaliers ont été aux trois points de l'horizon.

Le commandant se porte alors sur la ligne des cavaliers, avec les six fantassins, qui se déploient en tirailleurs et s'embusquent.

Quelques instants après le commandant envoie trois fantassins vers la droite, trois vers la gauche; ils marchent avec précaution et, arrivés près de petits bouquets d'arbres, ils simulent la fouille d'un bois, y pénètrent et s'établissent à la lisière.

Un cavalier est alors envoyé vers la ville; il revient avec

le peloton, qui, dès qu'il a champ libre, se porte au galop sur la ligne qui a été occupée par les fantassins et détache en avant de nouveaux cavaliers.

L'infanterie a suivi la cavalerie. Les deux pièces marchent entre les deux bataillons, dès que ceux-ci ont pu déployer leurs colonnes. A un signal du commandant, les pièces partent au galop et vont prendre position à la lisière du petit bois à droite, en ouvrant le feu. L'infanterie, qui a continué sa route, va, à droite et à gauche, occuper les petits bois, s'y dissimule et envoie des tirailleurs.

Le terrain ne permettant pas de pousser les troupes plus avant, après que le commandant a parcouru les différents points occupés pour rectifier les erreurs, un mouvement de retraite est prononcé; les cavaliers reviennent au galop, les pièces prennent position en arrière, et l'infanterie, formant les échelons, exécute une retraite dans cet ordre, avec beaucoup de précision, surtout dans l'exécution des feux. La marche en retraite est plus lente que la marche en avant. Le mouvement cesse à l'entrée de la ville.

Le commandant réunit ensuite les officiers autour de lui, et fait une sorte de conférence dans laquelle il explique le mouvement; des officiers présentent des observations. Cela dure vingt-cinq minutes; tous les officiers sont au port du sabre.

Pendant ce temps l'infanterie est l'arme au pied, mais alignée; la cavalerie et l'artillerie sont à cheval; pas un homme n'a quitté le rang; cependant cette manœuvre a duré deux heures et demie.

De toutes les classes d'instruction que j'ai eu l'occasion de voir, celle qui m'a le plus frappé, c'est la théorie sur le tir; cette partie de l'instruction est l'objet des soins les plus méticuleux; chaque compagnie a son propre matériel, bien supérieur au nôtre, entretenu avec le plus grand soin ; chaque homme est instruit progressivement par ses chefs : d'abord par le caporal, puis par le sous-officier, puis par son chef de peloton. Après cette instruction préparatoire, chaque chef de peloton présente ces hommes à l'examen du capitaine. Celui-ci se rend compte de l'instruction exacte de chacun des hommes de sa compagnie. Tout homme qui n'est pas jugé suffisamment instruit reprend toute la filière des classes du tir. Il en résulte que cette instruction dure presque toute l'année.

Le soldat n'est admis à tirer à la cible que lorsqu'il connaît bien la théorie et qu'il a été exercé très-souvent à l'appréciation des distances. C'est par les soins assidus apportés à cette importante partie de l'éducation militaire, que l'armée prussienne, armée d'un fusil trois fois inférieur au nôtre, a obtenu, pendant la campagne, des feux presque équivalents aux nôtres. Il est vrai de dire qu'une grande partie de nos soldats n'avaient jamais reçu la moindre notion des pratiques du tir.

Un fait à noter, c'est que l'instruction militaire de l'armée prussienne repose entièrement sur le capitaine de la compagnie; que ni l'adjudant-major ni le capitaine de tir n'interviennent dans cette instruction, et que cependant il y a uniformité remarquable, tant dans l'exécution des manœuvres que dans l'intimation des commandements.

Il faut en conclure que le capitaine de l'armée prussienne est un militaire instruit, connaissant parfaitement toute la théorie et toute la pratique de son métier; qu'il a un profond sentiment des devoirs que lui impose sa responsabilité, et que ces devoirs, il les remplit scrupuleusement, avec intelligence; que de plus, son instruction, son sentiment du devoir, ses connaissances théoriques et pratiques, il les communique religieusement à ses inférieurs : c'est ce capitaine-là qu'il nous faut dans l'armée française, *et en cherchant bien, on saura l'y trouver.*

Mais, malgré tout ce qu'on peut constater de supériorité dans le détail et l'ensemble de l'instruction de l'armée prussienne, je suis heureux de penser que nous n'avons rien à lui emprunter, au point de vue des règlements et des théories. C'est dans la pratique que réside notre infériorité, et il faut l'avouer franchement, pour tâcher de nous en corriger au plus vite, surtout sans jeter le blâme et les récriminations à tort et à travers.

J'ai pu apprendre aussi qu'un grand nombre d'officiers prussiens avaient été envoyés dans tous les départements qui ont été occupés, pour y faire des travaux topographiques et statistiques.

Ces travaux doivent, m'a-t-on dit, servir à l'établissement d'une carte des trente-trois départements envahis, qui doit accompagner la relation officielle de la campagne de. 1870-1871.

Il y a tout lieu de croire que cette carte, qui sera sans doute éditée dans le grand établissement de Leipzig, sera un chef-d'œuvre géographique poussé aux dernières limites de la précision. Cette carte sera vendue à l'armée prussienne à un prix très-modique. L'ouvrage, œuvre du grand état-major général, sera donné en prix aux officiers, sous-officiers et soldats qui, pendant la campagne ou après, ont fourni des documents utiles à la confection de cet ouvrage.

Inutile de signaler l'influence qu'un pareil ouvrage est destiné à avoir sur le sentiment patriotique, déjà si vivace en Allemagne.

Telles sont les impressions qui me sont restées du voyage que j'ai fait un peu en courant; j'y ajouterai en quelques mots celles qui me sont restées de ma captivité en Allemagne, sur l'ensemble général de l'organisme militaire prussien.

Dans les écoles, en Prusse, on apprend à l'enfant que le devoir de tout citoyen est de défendre le pays les armes à la main. C'est le spectacle des réunions de la landwehr qui frappe l'imagination des enfants. Ils y voient dans les rangs, à la manœuvre, tous leurs parents, tous leurs amis, gens honorables du village; et c'est là où ils puisent, dès leur jeune âge, non pas l'amour du métier des armes, mais le sentiment du devoir de s'y consacrer suivant la loi.

Le Prussien *sait* qu'il doit être soldat, quelle que soit sa position sociale; il comprend que c'est un *devoir* pour le citoyen de défendre sa patrie, et *accepte*, comme garantie de son indépendance, toutes les charges du service militaire. *Sait, devoir, accepte*, c'est avec ces trois mots bien compris que s'est organisée la grande force prussienne. Voilà pour la loi et les citoyens.

Voyons le citoyen devenu soldat : tous les jeunes gens qui ont répondu aux questions d'un examen déterminé ou qui ont obtenu un grade, soit à l'université, soit à quelque grande école du gouvernement, sont autorisés à ne servir qu'un an comme volontaires; mais ils doivent s'habiller à leurs frais et ne reçoivent aucune solde.

Ces jeunes gens sont rapidement formés au service militaire. Ils sont traités, dans la compagnie, sur le même pied que les simples soldats; mais ils deviennent facilement sous-officiers et sont d'excellents maîtres pour les soldats, auxquels, pendant les heures de consigne des quartiers, ils enseignent volontiers l'histoire et la géographie. Les capitaines encouragent fort ces leçons volontaires.

Le soin que l'on apporte à mettre le conscrit dans l'arme où il peut rendre le plus de services, et la solide instruction que chacun reçoit dans l'armée, permettent de former rapi-

dement de bons sous-officiers, véritable charpente de tout corps militaire.

Aussi les Prussiens, comprenant le rôle immense de leurs officiers, ont-ils créé à Potsdam, à Julich et à Biberich des écoles où l'on forme d'excellents sous-officiers; ils en créeront d'autres encore, suivant les besoins.

On y entre à dix-sept ans, par examen; la durée des cours est de trois ans; l'État n'est pas tenu de conserver les jeunes gens s'ils sont reconnus incapables. Les élèves qui, dans le cours des trois années, se sont distingués, *entrent dans l'infanterie* comme sous-officiers. Ces sujets sont très-recherchés par les chefs de corps, et cela se comprend.

Les recrues qui arrivent au régiment sont toujours, *d'une façon absolue, habillés, équipés et armés le lendemain de leur arrivée.*

Les magasins de la Prusse sont toujours approvisionnés au moins à deux tenues complètes par homme.

Lorsque l'homme entre dans le magasin, il trouve tout son habillement réuni; à côté on lui donne son sac au complet; un peu plus loin, il trouve tout son équipement, qu'il n'a qu'à agrafer de suite à sa ceinture, et avant de sortir on lui donne son fusil.

Tout cela se fait en une seule séance, quel que soit le nombre de recrues qu'a une compagnie. Les officiers n'assistent pas à cette opération. On présente les hommes au capitaine quand ils sont habillés, armés et équipés. Jamais un capitaine prussien ne consentirait à aller passer deux ou trois heures dans un magasin pour voir essayer des pantalons à ses hommes; il a bien autre chose de sérieux à faire.

Tout le monde apporte un grand zèle à l'instruction des conscrits; les volontaires d'un an et les plus intelligents des compagnies leur sont donnés comme modèles; on arrive ainsi rapidement à avoir un soldat qui obéit sans murmurer et sans jamais montrer la moindre hésitation.

Voici la progression suivie pour l'instruction du conscrit :

Pendant quatorze jours, et six heures par jour, il est exercé à la marche sans arme et aux exercices d'assouplissement. Ces principes du pas sont absolus ; aucun soldat n'est mis en arme avant d'avoir parfaitement atteint ce but. Pendant deux semaines encore le pas est continué avec l'arme ; les deux semaines suivantes sont consacrées au maniement de l'arme.

Pendant les six semaines suivantes, on termine l'école du soldat ; puis on exécute l'escrime à la baïonnette pendant deux semaines. Le soldat passe alors à l'école de peloton, sur l'ordre de son capitaine.

Après six semaines d'écoles de peloton et de tirailleurs, il peut être admis à l'école de bataillon.

Il n'y a pas de salle d'armes dans l'armée ; la loi militaire défend le duel d'une manière absolue. Les écoles régimentaires n'existent pas non plus ; tous les hommes savent lire, écrire et compter.

Pendant la saison d'hiver, les officiers de peloton complètent l'éducation militaire de leurs hommes sur le service des places, le service en campagne, les différentes reconnaissances militaires, appropriées aux différents grades, et la rédaction des rapports.

Au commencement du printemps, on met en pratique, dans les compagnies, bataillons et régiments, ce qui a été appris pendant l'hiver. Sur le terrain, on fait les différents services, les écoles à feu, puis on termine l'école de régiment. L'instruction du soldat est alors regardée comme complète, et il peut tenir utilement sa place dans le rang pendant les grandes manœuvres de l'automne.

Il faut donc une année pour que l'instruction militaire des

Prussiens soit terminée; et rien ne saurait donner une idée du soin minutieux que l'on y apporte.

Le service des postes, rondes et patrouilles est aussi fait avec la plus scrupuleuse exactitude.

Pour le service des postes, un fait caractéristique : toutes les heures, au moment où les sentinelles doivent être relevées, de jour et de nuit, la sentinelle devant les armes crie : « Aux armes! » Le poste prend les armes; le chef fait porter les armes et aligner, puis commande : « Tels numéros hors du rang pour la faction! » Les hommes désignés sortent du rang, se placent face au poste, sont reconnus par le caporal de pose et, au signal du chef, emmenés en faction. A la rentrée des sentinelles relevées, le poste rentre.

Non-seulement cette façon d'exécuter le service tient forcément les hommes de garde en éveil, mais il y a encore un principe de sécurité pour les hommes qui vont et reviennent de faction, fort bon à appliquer à la guerre.

Les rondes et les patrouilles sont toujours exécutées comme à la guerre, même dans les villes de garnison; elles sont toujours éclairées en avant, en arrière et sur les flancs, et ne sont jamais, comme les nôtres, une troupe plus ou moins nombreuse, marchant tranquillement au milieu de la chaussée.

On voit, par ce rapide examen, avec quels soins constants, avec quelle sollicitude on suit, en Allemagne, chaque détail de l'instruction. Combien n'avons-nous pas à gagner à bien nous familiariser avec cette puissante organisation! On a dit, et à juste titre, que la France se retrempera dans les institutions militaires; c'est de là que doit venir le salut. C'est dans l'armée qu'il faut qu'elle envoie *tous* ses enfants, sans exception autre que les infirmités morales et physiques.

Mais il faut à nos imaginations surexcitées donner comme aliment l'étude des nations étrangères. Nous trouverons là des enseignements qui nous seront aussi précieux que nouveaux. Cette étude aura pour conséquence directe celle de l'histoire et de la géographie, deux vastes champs où il y a toujours à glaner.

Sachons ce qui se dit, ce qui se fait à l'étranger; comparons avec ce qui se dit, ce qui se fait chez nous; nous y gagnerons toujours quelque chose. Ne craignons pas de dire hardiment nos fautes; mais disons-les pour nous corriger, non pour récriminer.

Oublions le passé pour ne plus songer qu'à l'avenir, et ne voyons dans cet avenir que le travail.

Voilà les idées que je voudrais voir se propager dans les réunions militaires (1).

Qu'on nous permette, en terminant, quelques mots sur notre organisation militaire; nous ne parlerons que de l'unité régimentaire, et très-rapidement.

Prenons un régiment en marche : on rencontre d'abord les sapeurs; on a beaucoup supprimé chez eux, mais pas assez; pourquoi ne pas les renvoyer aux compagnies? il y en aurait quatre, deux par section, portant pelles et pioches.

Voici venir le tambour-major, aussi inutile que superbe et coûtant cher; il ne sert pas à grand'chose, puisqu'il y a des régiments, zouaves et tirailleurs, qui n'en ont point, et dans lesquels les batteries sont fort bonnes.

Les tambours suivent ; leur utilité en campagne est contestable ; mais si on tient à les garder, il y a moyen d'arranger utilement la chose : au moment d'entrer en campagne, le tambour de chaque compagnie et son élève déposent l'instrument et prennent le brassard du brancardier.

____

(1) A l'époque où j'écrivais ces lignes, en août 1871, la Réunion des Officiers n'était pas fondée. Depuis cette époque, j'ai pu constater chaque jour, par le *Bulletin de la Réunion*, que fort heureusement ces idées sont celles de tous les officiers.

Les clairons sont fort bons; mais je voudrais que toutes les sonneries de manœuvre fussent énormément abrégées : un tout petit bout de refrain pour chaque mouvement, sans reprise surtout.

La musique est fort intéressante, sans doute, mais coûte fort cher et ne rend que de douteux services pour son prix de revient, qui est de près de 20,000 fr. par an et par régiment.

Une remarque concernant les tambours, clairons et musiques : pendant que nous occupions les avant-postes à Metz, nous avions devant nous le silence le plus absolu; derrière nous, tambours, clairons, musiques faisaient rage. Au réveil et à la retraite, l'ennemi pouvait compter nos régiments rien que par leur harmonie. Il y a là une mesure à prendre pour l'avenir.

Nous voici maintenant en présence du régiment. La tenue est généralement bonne; mais ne gagnerait-on pas beaucoup à faire les petites modifications suivantes :

Le soldat devrait avoir la même capote que l'officier : même nuance, même forme, surtout si un jour on supprime le campement pour le remplacer par le cantonnement.

L'officier d'infanterie devrait être armé d'une épée courte, bien en main; elle remplacerait avantageusement le sabre lourd, disgracieux et inutile qu'il porte en ce moment.

Le hausse-col devrait être remplacé par une ceinture dans toute l'armée. Les officiers de tirailleurs la portent déjà. Cela aurait l'avantage d'unifier l'insigne du service, qui est différent pour l'infanterie et la cavalerie.

Le képi, improprement appelé bonnet de police à visière, est une coiffure commode, mais pour la troupe il est très-mal, *trop mal* confectionné. La visière est mauvaise, elle se déforme vite et donne à la coiffure un aspect peu militaire. Il est pourtant facile de remédier à cela.

Pourquoi l'épaulette pour la troupe? C'est un ornement coûteux qui ne sert à rien; il y a des corps qui n'en ont pas; elle gêne l'homme dans le service, sans lui être d'aucune utilité.

Le ceinturon ne serait-il pas mieux bouclé qu'agrafé.

Les gibernes sont défectueuses. Il faudrait en trouver une d'un modèle suffisant pour arriver à n'avoir qu'une seule giberne par homme. La question de répartition du poids est insignifiante : l'homme en marche a toujours la tendance de porter la giberne sur le ventre.

Le canon du fusil Chassepot est tout ce qu'il y a de meilleur, mais le mécanisme est à changer. Celui du système Comblain me parait excellent, simple, facile à nettoyer, à monter et à démonter. Canon Chassepot, système Comblain réunis, forment une arme qui peut attendre tranquillement les modifications de l'armement de l'armée prussienne. A la guerre, pour l'infanterie, deux principes dominent :

Entretien facile de l'arme. — Chargement rapide.

Je dis chargement, parce qu'à mon avis le tir est presque toujours trop rapide.

Le sac est trop lourd ; il faut songer qu'avec le nouveau mode de recrutement de l'avenir, nous aurons forcément dans le rang des jeunes gens un peu faibles. Un peu moins d'effets et un sac un peu plus petit.

Le petit bidon, la marmite, la gamelle, le grand bidon, tout cela est à changer. Il suffirait de la petite marmite par homme. Quoi qu'on en dise, il n'y aura jamais qu'un cuisinier surveillant les petites gamelles de l'escouade, si on le veut bien.

Notre système de chaussure avec guêtres est à modifier; il faut arriver à supprimer la guêtre. En route, un soldat ne peut se déchausser sans perdre un temps énorme, qui en fait un traînard. Aussi nos hommes, gênés dans la chaussure, ne peuvent-ils s'arrêter ; ils se blessent et deviennent un embarras.

Le sabre-baïonnette, trop bruyant, est à modifier.

Les quatre plus anciens capitaines de chaque régiment devraient être les adjudants-majors et les commandants en second des bataillons ; les douze plus anciens capitaines suivants devraient être montés comme divisionnaires ; les chevaux pourraient être à titre onéreux, l'État fournirait la ration de fourrage.

Lors des changements de garnison, je voudrais que la troupe fût mise en route comme si elle allait prendre part à une opération de guerre. Le chef de la colonne ferait marcher, cantonner ou bivaquer, manger sa troupe d'après sa seule initiative. Il aurait un point de départ, un point d'arrivée, voilà tout. Cela pourrait donner la mesure de ses aptitudes d'initiative.

Dans une caserne il ne devrait y avoir que des soldats. Point de femmes, point d'enfants. D'où suppression des cantinières et des enfants de troupe. Si vous voulez récompenser de vieux serviteurs dans la personne de leurs enfants, ouvrez-leur les écoles du gouvernement dans une très-large mesure, mais n'embarrassez pas les corps d'éléments qui ne peuvent rendre aucun service.

Suppression des écoles régimentaires, d'escrime, de danse, etc. Les capitaines organisent dans l'intérieur des compagnies des cours de lecture, d'écriture, de calcul, d'histoire et de géographie. L'escrime à l'épée et la gymnastique font partie de l'instruction militaire du soldat.

Des cours spéciaux peuvent être faits dans les bataillons, aux sous-officiers et caporaux qui s'en montrent dignes par leurs aptitudes, leur instruction militaire et leur conduite.

Il n'est pas rationnel d'obliger des sous-officiers à suivre des cours d'histoire, de géométrie, etc., alors qu'ils ne savent pas un mot de leurs théories.

Changement du mode des distributions. Il faut remarquer que les jours de distribution, c'est-à-dire tous les deux jours, il y a près du tiers de l'effectif du régiment employé aux corvées de vivres, d'où il résulte une perte de temps énorme pour l'instruction des hommes.

Répartition nouvelle de l'emploi du temps dans les régiments. Il faut que dans la journée un certain nombre d'heures consécutives soient laissées aux officiers, tant pour leur instruction personnelle que pour qu'ils puissent s'intéresser à l'instruction de leurs compagnies.

Adoption pour toute l'armée du mode d'administration employé dans les régiments de zouaves; il y a intérêt et pour l'homme et pour le trésor. Les corps seraient ainsi débarassés de cet immense quantité d'effets en cours de durée qui nécessitent des soins, des précautions, des locaux qui, pris ensemble, dépassent très-souvent la valeur des effets. Le soldat serait toujours habillé à neuf, et cela d'une façon absolue, dès le lendemain de son arrivée au corps. Il en résulterait simplification dans la comptabilité, intérêt du soldat à la conservation de ces effets, qu'il emporterait dans la position de réserve, avec son équipement, bien entendu.

Au point de vue général, je voudrais qu'il n'y eût dans l'armée que deux uniformes: l'infanterie, l'artillerie, le génie auraient la même tenue, avec différence seulement dans les nuances des collets ou des parements. La cavalerie aurait un seul uniforme, avec quelques petites modifications pour les corps.

En présence de la loi nouvelle qui va introduire heureusement dans les rangs de l'armée toute la partie instruite, intelligente et bien élevée de la nation, qui en était éloignée depuis si longtemps, il faut absolument que cette partie de la nation y trouve des chefs dignes d'elle.

Pour y arriver, il ne faut pas se dissimuler qu'il y aura beaucoup à faire ; mais plus la tâche sera difficile, plus il faut espérer que le sentiment national saura en imposer l'obligation à chacun dans sa sphère.

Il faut donc exiger que les officiers produisent des travaux dont le choix leur sera laissé ; mais il faut qu'ils produisent. C'est un moyen de contrôle pour suivre les efforts de chacun pour se mettre à même d'occuper une situation supérieure.

Comme récompense de travaux accomplis, on accorderait aux officiers des frais de déplacement pour voyager à l'étranger en toute liberté, sous condition unique d'un récit du voyage appliqué à l'art militaire.

Mais ce qu'il faut éviter à tout prix, c'est l'oisiveté. Il faut travailler et produire, et arriver à ce que l'armée à venir, épurée dans son recrutement, rehaussée dans ses cadres, devienne la véritable armée nationale, par le travail et le dévouement illimité à la patrie.